INSEKTEN & CO.

✳ Entdecken · Verstehen · Mitmachen ✳

BOHEM

Genau wie Menschen

Vielleicht findest du Insekten unheimlich und manchmal auch ziemlich lästig. Aber wenn du weißt, wie nützlich sie sind, und verstehst, wie ihr Leben aussieht, dann erkennst du, dass sie gar nicht so lästig sind, wie du denkst.
Genau wie wir Menschen leben Insekten in ihrer eigenen Welt und es lohnt sich, diese einmal genau zu betrachten.
Wusstest du beispielsweise, dass eine Asselmutter die allerliebste Mutter der Welt ist? Dass manche Insekten sich nahezu perfekt tarnen? Dass einige Insekten sehr gut zusammenarbeiten können? Wie schön es sein kann, auf dem Bauch im Garten zu liegen und einer Kolonie Ameisen zuzusehen?
Beim Rätsellösen, Ausmalen und Lesen lernst du in diesem Insektenbuch, wie wundervoll das Leben der Insekten ist.
Und vielleicht lernst du sie auch ein wenig lieben.

Viel Spaß auf deiner Entdeckungsreise!

WANZEN ZÄHLEN

Hier musst du schon das erste Rätsel lösen. In diesem Buch verstecken sich kleine grüne Wanzen. Findest du sie alle? Zähl sie zusammen und kontrolliere die Summe **auf Seite 64.**

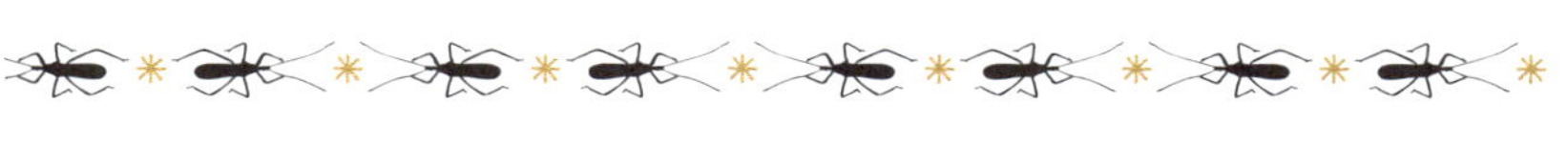

INHALT

Zeichnen & Ausmalen

Rätsel lösen

Raten

Lesen

Entdecken

EIN BIENENSCHWARM

Bienen machen alles gemeinsam. Nun ja, fast alles. Den Nektar sammelt jede Biene allein. Aber sie teilt sich den süßen Blütensaft mit den Bienen in ihrem Bienenstock. Die Bienen machen daraus Honig und auch den teilen sie sich. Wenn Honigbienen eine neue Wohnung suchen, fliegen sie in einem gemeinsamen Schwarm los. Wenn die Bienen eine kurze Pause einlegen, formen sie ein Knäuel. Die oberen Bienen in diesem Bienenknäuel halten sich an einem Zweig oder an einer Dachrinne fest. Der Rest hält sich aneinander fest. In der Mitte dieses Knäuels sitzt die Königin. Sie kann als Einzige im Bienenvolk Eier legen und wird deshalb von den anderen Bienen besonders geschützt.

DIE HONIGBIENE

Honigbienen lieben Süßes und Geselligkeit. Sie naschen Blütennektar und leben mit Tausenden von Bienen in einem Volk zusammen.

BIENENHALTER

Honigbienen leben meist in einem besonderen Bienenhaus. Das ist ein Kasten, den der Bienenzüchter für sie gebaut hat. Dafür bekommt er von den Bienen einen Teil des Honigs.
Links siehst du acht Bilder. Fünf davon stehen auch hier unten. Weißt du, was das Lösungswort bedeutet?

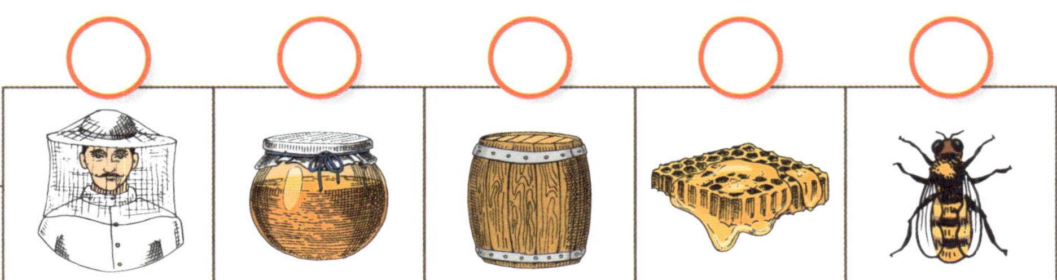

Male die Biene aus

Bienen sind meist braun-gelb und ein wenig schwarz, aber sie lieben bunte Blumen. Diese Biene ist ganz schön farblos. Möchtest du sie ausmalen? Nimm alle Farben, die du hast.

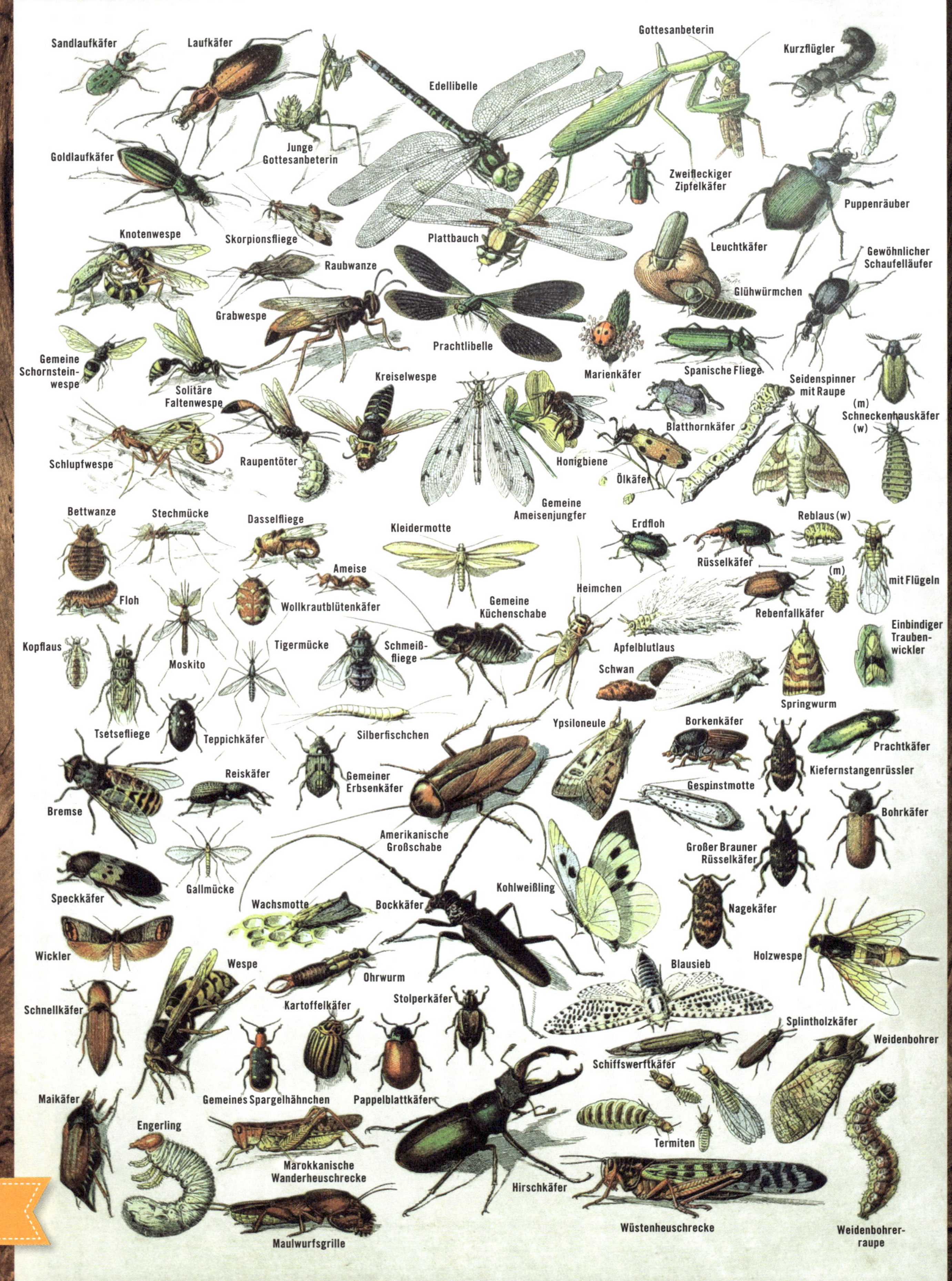
Sandlaufkäfer
Laufkäfer
Gottesanbeterin
Kurzflügler
Edellibelle
Junge Gottesanbeterin
Goldlaufkäfer
Zweifleckiger Zipfelkäfer
Puppenräuber
Knotenwespe
Skorpionsfliege
Plattbauch
Leuchtkäfer
Gewöhnlicher Schaufelläufer
Raubwanze
Glühwürmchen
Grabwespe
Prachtlibelle
Gemeine Schornstein-wespe
Solitäre Faltenwespe
Kreiselwespe
Marienkäfer
Spanische Fliege
Seidenspinner mit Raupe
(m)
Schneckenhauskäfer
(w)
Blatthornkäfer
Schlupfwespe
Raupentöter
Honigbiene
Ölkäfer
Gemeine Ameisenjungfer
Bettwanze
Stechmücke
Dasselfliege
Kleidermotte
Erdfloh
Reblaus (w)
Rüsselkäfer
(m)
mit Flügeln
Ameise
Floh
Wollkrautblütenkäfer
Gemeine Küchenschabe
Heimchen
Rebenfallkäfer
Einbindiger Trauben-wickler
Kopflaus
Tigermücke
Schmeiß-fliege
Apfelblutlaus
Moskito
Schwan
Springwurm
Tsetsefliege
Teppichkäfer
Silberfischchen
Ypsiloneule
Borkenkäfer
Prachtkäfer
Reiskäfer
Gemeiner Erbsenkäfer
Kiefernstangenrüssler
Gespinstmotte
Bremse
Bohrkäfer
Amerikanische Großschabe
Großer Brauner Rüsselkäfer
Speckkäfer
Gallmücke
Kohlweißling
Wachsmotte
Bockkäfer
Nagekäfer
Wickler
Wespe
Blausieb
Holzwespe
Ohrwurm
Schnellkäfer
Kartoffelkäfer
Stolperkäfer
Splintholzkäfer
Weidenbohrer
Schiffswerftkäfer
Maikäfer
Gemeines Spargelhähnchen
Pappelblattkäfer
Engerling
Termiten
Marokkanische Wanderheuschrecke
Hirschkäfer
Wüstenheuschrecke
Weidenbohrer-raupe
Maulwurfsgrille

INSEKTEN SUCHEN

Such die Sechs

Auf dieser Seite siehst du sechs Insekten. Finde sie auf dem linken, großen Bild. Gefunden? Dann schreib den Namen des Insekts auf die gestrichelte Linie hinter der Zahl.

Startdatum

Sechs Mitbewohner

Du siehst hier zwölf Insekten: Sechs davon findest du im Haus, die anderen sechs im Garten. Schau dir die Abbildungen gut an. Glaubst du, dass du die Insekten erkennst, wenn du sie siehst? Dann male den Daumen aus und mach dich auf die Suche. Gesehen? Dann male die Lupe aus und notiere das Datum, an dem du das Insekt gesehen hast, auf der gestrichelten Linie.

Hat drei Schwanzfühler.

Silberfischchen

Stubenfliege

Bewegt sich schnell hin und her, wenn du sie leicht berührst.

Zitterspinne

Die Fruchtfliege und die Blattlaus sind kleiner als ein Reiskorn.

Fruchtfliege

Hausspinne

Stechmücke

Regenwurm

HAUS- UND GARTENFREUNDE

Jeder von uns hat Haustiere, denn auch in Häusern ohne Hund, Katze oder Hamster wohnen Tiere. Und im Garten leben sogar noch mehr. Lerne deine krabbelnden Haus- und Gartenfreunde kennen!

Sechs Garten-freunde

Kakerlake

MEIN BESTER KRABBELFREUND

Was ist dein Lieblingskrabbelkäfer oder dein allerliebster Schleimkriecher? Hoffentlich ist es nicht die Stechmücke oder der Regenwurm, denn diese zwei stellen wir dir unten bereits vor. Ansonsten kannst du jedes beliebige Insekt wählen und auf die nächste Seite zeichnen. Mit anderen Worten: wirklich jedes Insekt und jede Spinne, jede Schnecke, jeden Wurm oder jeden Vielfüßler.

Biene

Name: *Regenwurm*

Lieblingsessen: *tote Blätter*

Lieblingsort: *unter der Erde*

Zahl der Füße: *0*

Zahl der Flügel: *0*

Ameise

Name: *Stechmücke*

Lieblingsessen: *Blut*

Lieblingsort: *mein Schlafzimmer*

Zahl der Füße: *6*

Zahl der Flügel: *2*

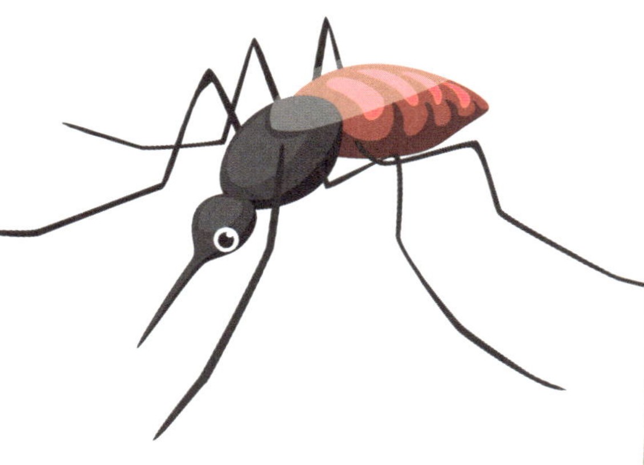

Nacktschnecke

Zeichne hier!

Wespe

Name: ______________________

Lieblingsessen: ______________________

Lieblingsort: ______________________

Zahl der Füße: ______________________

Zahl der Flügel: ______________________

Du bist dran

Such dir einen Krabbelfreund. Genügend Beispiele findest du in diesem Buch, im Internet oder in der Natur. Zeichne ein Porträt. Schreib auf, was du über das Tier alles weißt. Fehlende Angaben kannst du nachlesen.

Tausend-füßler

Ist es schwierig, selbst ein Tier auszuwählen? Wähl dann ein Tier, das auf diesen Seiten herumkriecht.

Spinne

SUCH DIE ZEHN UNTERSCHIEDE

ICH SAH VIER BÄREN ...

Hier siehst du vier Bärenspinner-Arten und ihre Raupen. Die Unterschiede zwischen Schmetterling und Raupe erkennst du sofort. Entdeckst du auch die zehn Unterschiede auf den beiden Abbildungen?

Bären?

Die Raupen der Bärenspinner sind behaart. Es sieht aus, als hätten sie ein feines Bärenfell. Daher der Name.

MOGEL-WESPE

Eine Wespe erkennst du sofort. Und das ist auch gut so, denn Wespen können heftig stechen. Am besten lässt du sie in Ruhe, genau wie die Vögel es tun. Aber schau dir die beiden Fotos einmal genau an. Ist das Tier auf dem oberen Foto eine Wespe? Nein, es ist eine Schwebfliege. Sie besitzt zwar keinen Stachel, dafür aber ein Streifenkleid wie eine Wespe. Deshalb traut sich auch kein Vogel an sie heran. So fliegt die Schwebfliege unbehelligt und sicher von Blüte zu Blüte. Ganz schön schlau. Oder findest du es blöd, dass sie die Vögel zum Narren hält?

Wespe

DOPPELGÄNGER

Fliege und Wespe

Von jedem Insekt fehlt ein rundes Puzzleteil. Zieh eine Linie vom Puzzleteil zum dazugehörigen Insekt. Zeichne anschließend ein Dreieck um die Fliege und ein Quadrat um die Wespe. Tipp: Eine Wespe hat vier Flügel und einen spitzen Stachel am Hinterleib, eine Fliege zwei Flügel und keinen Stachel.

GEMISCHTE HÄLFTEN

He, hier stimmt doch was nicht! Es scheint, als sähest du alles doppelt. Verbinde die Hälften, die zusammengehören.

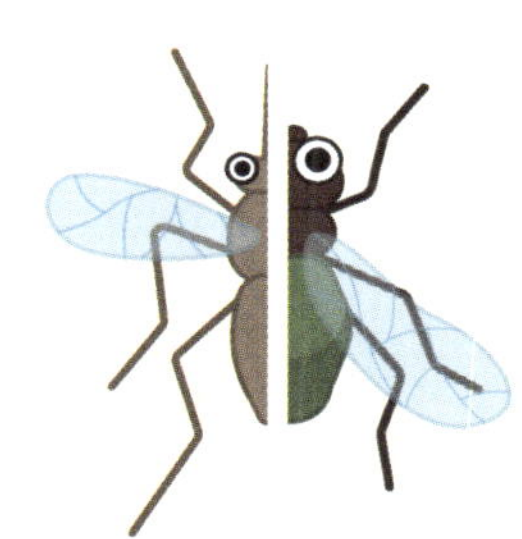

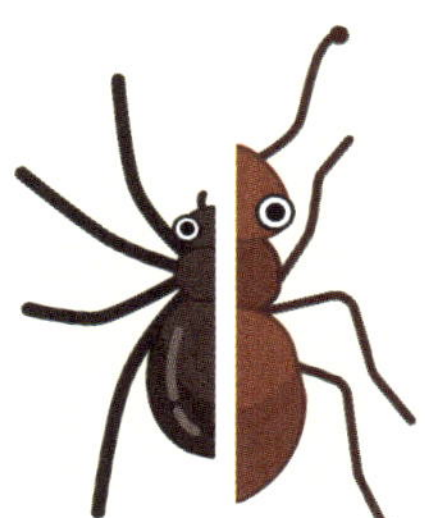

BLUFF-SPINNE

Die Wespenspinne hat schwarze und gelbe Streifen, genau wie eine Wespe. Viele Vögel mögen eine dicke Spinne, aber die Wespenspinne lassen sie links liegen, da sie denken, dass sie stechen könnte. Das ist aber nicht der Fall. Also alles Bluff, aber der scheint zu funktionieren.

LÄSTIGE LÄUSE

Weißt du, wie groß eine Kopflaus ist? Ja? Dann hast du die Tierchen sicher schon einmal auf dem Kopf gehabt. Hier erfährst du mehr über diese lästigen Insekten (denn genau das sind sie). Sehr praktisch, denn je mehr du über sie weißt, desto besser verstehst du, wie du sie bekommen kannst.

Ein Läuseleben

Kopfläuse leben auf Köpfen und nirgendwo sonst. Vielleicht sitzen gerade einige in deinen Haaren. Du selbst merkst wenig davon, denn Läuse benehmen sich gut. Sie machen beispielsweise kein Pipi. Und ihr Kot ist so trocken wie Sand. Das ist äußerst nett von den Läusen, denn sonst sähe es auf deinem Kopf ganz schön schmierig aus. Läuse sind ziemlich klug, denn sie trinken viel Blut und fressen nichts. Wie machen sie das? Indem sie viel Wasser verdampfen lassen. Der Vorteil: Dein Kopf bleibt sauber. Der Nachteil (für die Laus): Wenn sie nichts trinkt, trocknet sie schnell aus. Auf deinem Kopf kann die Laus trinken, wann immer und so viel sie will. Ein kleiner Stich in die Kopfhaut und schon kann sie saugen. Fällt eine Laus von deinem Kopf, dann verdurstet sie inner-halb weniger Stunden und stirbt. Jede Kopflaus weiß: Immer gut festhalten, sonst bin ich verloren. Mit ihren sechs Haken-Füßen bleibt sie sicher in deinem Haar hängen.

Nicht auf Jacken

Läuse sitzen fast nie auf Jacken. Und wenn das versehentlich passiert, dann hat die arme Laus keine Lust und keine Kraft, um zu einer anderen Jacke zu laufen. Deshalb kommt es selten vor, dass du dir an der Garderobe eine Laus einfängst – außer, wenn du Jacken, Schals und Mützen vertauschst.

Nicht auf Stofftieren

Kissen oder Stofftiere haben kein Blut. Darum wird die Laus auf Suche nach Nahrung hier nicht fündig. Sie bleibt lieber auf einem Menschenkopf. Eine Laus ist doch nicht blöd!

Nicht im Schwimmbad

Du hast Läuse und gehst schwimmen? Dann kommen die Läuse mit. Sie halten sich noch besser fest als sonst. Du wirst die Läuse also im Schwimmbad nicht los, doch du bekommst sie auch nicht von anderen Schwimmern.

Aber von einem Freund

Dein bester Freund hat Läuse? Ihr könnt miteinander spielen, aber nicht zu eng. Ihr solltet euch nicht mit den Haaren berühren, denn sonst kann eine Laus überspringen, also Vorsicht. Nicht die Köpfe zusammenstecken.

Wie wirst du sie los?

Ein guter Läusekamm und dann kämmen, kämmen, kämmen, kämmen, kämmen, kämmen, kämmen, kämmen, kämmen und nochmals kämmen.

Male alle Körperteile dieser Laus in einer anderen Farbe aus. Der Brustkorb ist schon grün. Und was machst du mit dem Rest? Male den Kopf gelb, die Fühler rot, den Hinterleib blau und die Beine braun.

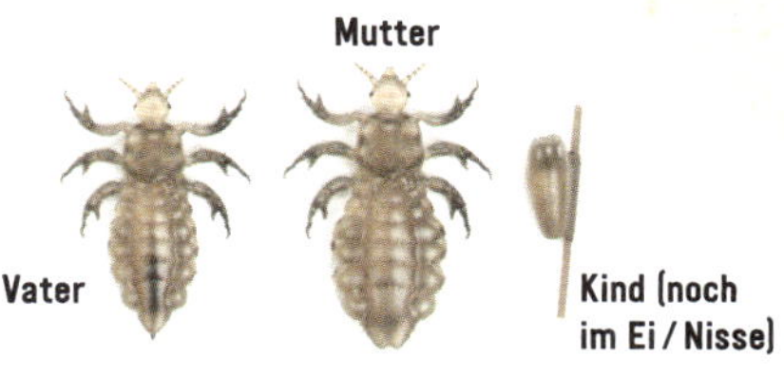

Familie Laus

Vater Laus ist etwas kleiner und schlanker als seine Frau. Mutter Laus klebt jedes Ei ganz sauber an ein Haar. Dazu benutzt sie einen Superkleber, den sie selbst herstellt. Das festgeklebte Ei nennt man Nisse. Pro Tag legt – oder besser: klebt – Mutter Laus ungefähr fünf Eier.

WER sagt WAS?

Ein Floh ist keine Laus. Und eine Kopflaus ist keine Blattlaus und eine Zecke ist wieder ein völlig anderes Krabbeltier. In den vier Textblasen kannst du die Unterschiede nachlesen. Aber wer sagt hier was? Schreib den Namen des richtigen Tiers auf die gestrichelte Linie.

- Ich habe sechs Beine mit Häkchen.
- Ich halte mich gut fest.
- Ich klebe meine Eier an Kopfhaare.
- Ich trinke Blut.
- Mein Kind hat Beine.
- Du kannst mich über einen anderen Menschen bekommen.

Ich bin ein(e) ________________

- Ich habe sechs dünne Beine.
- Ich lege keine Eier, bekomme aber Babys.
- Ich trinke Pflanzensaft.
- Mein Kind hat Beine.
- Du kriegst mich nicht (nur wenn du eine Pflanze bist).

Ich bin ein(e) ________________

- Ich habe acht Beine.
- Ich klebe an deiner Haut, während ich trinke.
- Ich lege Eier zwischen tote Blätter.
- Ich trinke Blut.
- Mein Kind hat Beine.
- Du bekommst mich in der Natur.

Ich bin ein(e) ________________

- Ich habe sechs Beine.
- Ich kann gut springen.
- Ich lege Eier in die Erde.
- Ich trinke Blut.
- Mein Kind hat keine Beine.
- Du bekommst mich meist von deiner Katze oder deinem Hund.

Ich bin ein(e) ________________

RINGKAMPF AUF DEM AST

Genau wie bei echten Hirschen trägt bei den Hirschkäfern nur das Männchen ein Geweih. Eigentlich ist es sein Kiefer. Die Männchen benutzen ihn beim Kampf um ein Weibchen, meist auf einem Ast über dem Boden. Sie kämpfen nicht, indem sie sich beißen, sondern sie heben sich gegenseitig hoch. Genau wie Sumō-Ringer versuchen sie, ihren Gegner aus dem Ring zu werfen. Nun ja, Ring ... also vom Ast. Derjenige, der sich oben hält, gewinnt.

Der HIRSCHKÄFER

Können Hirsche fliegen? Der Hirschkäfer schon. Denn er ist kein echter Hirsch, sondern ein Käfer. Und was für einer!

Gib mir meinen Kopf zurück!

Dieser Hirschkäfer ist kopflos. Kannst du ihn retten? Verbinde die Zahlen von 1 bis 212 mit einer Linie. Wenn du dabei auf eine durchgehende Linie stößt, folge ihr und mach bei der nächsten Zahl weiter.

RÄTSEL MIT BEINEN

Zwei Seiten voll mit rätselhaften Beinen.
Ein Tipp vorab: Die Antwort ist immer der Name eines Insekts oder eines anderen Krabbeltiers.

Schüttelnamen

Die Namen der Insekten sind durcheinander geraten. Bei »Dunglaus« und »Kopffliege« muss es natürlich »Kopflaus« und »Dungfliege« heißen. Verbinde jeweils die zwei Insekten, die zusammengehören, mit einer Linie.

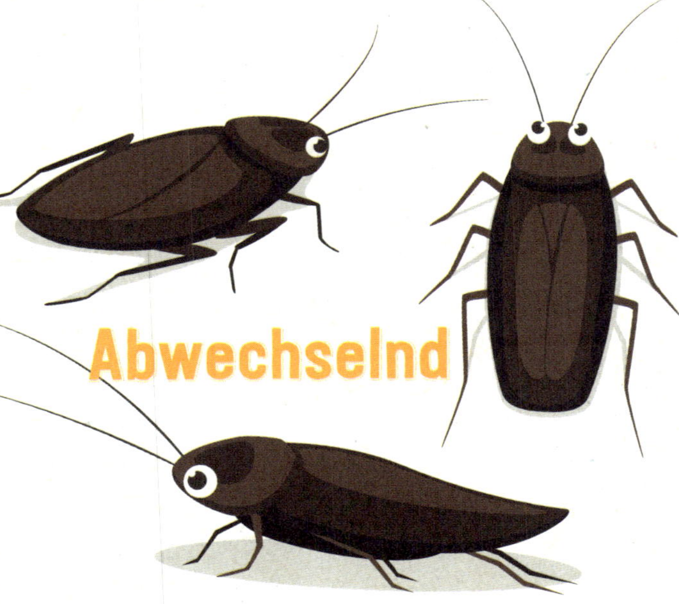

Abwechselnd

Wie heißen diese Insekten? Wenn du immer den zweiten Buchstaben durchstreichst, erhältst du die Antwort.

K r a s k i e r r s l t a s k e e s n

Krabbel-Bilderrätsel

Welche Insekten sind das?

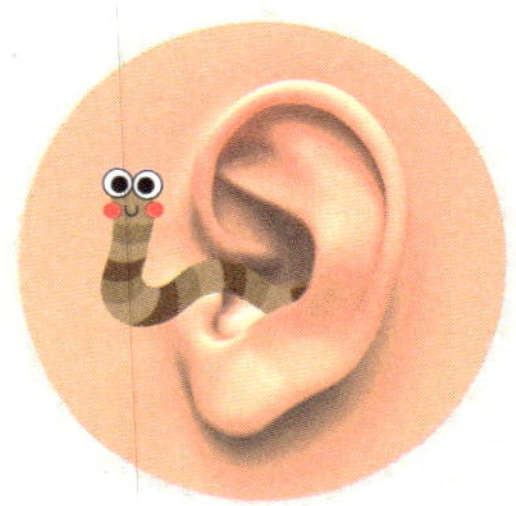

________ wanze ________ spinne ________ laus ________ wurm ________ falter

Doppelbuchstaben

H	A	B	C	U	M	D
F		H		G		M
J	K	U	N	E	P	Q
M		R		S		T
U	M	E	V	W	L	L

Such dir ein weißes Kästchen aus. Schau, welcher Buchstabe zweimal um das Kästchen herumsteht und notiere diesen. Wenn du alle Buchstaben nacheinander liest – zuerst die obere Reihe von links nach rechts, dann die untere von links nach rechts –, erhältst du den Namen eines Insekts.

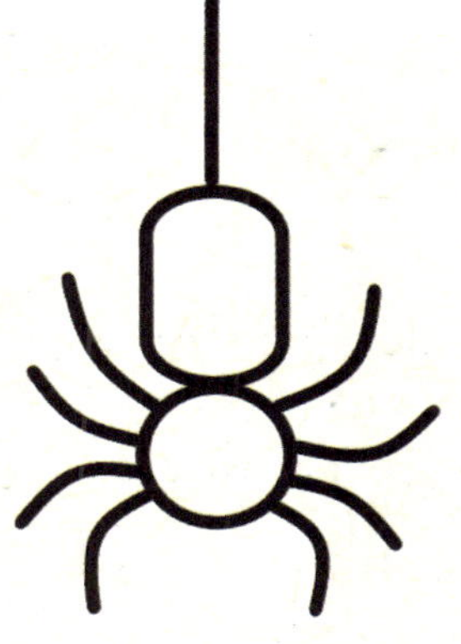

Spinnen-galgen

Wenn du das Spiel »Galgenmännchen« kennst, dann weißt du, wie es geht. Ansonsten frag jemanden, der es kennt.

Spinnengalgen funktionieren nicht mit einem Männchen am Galgen, sondern hier hängt eine Spinne am Faden. Du kannst die Spinne aus zwei Kreisen und neun Strichen zeichnen. Wenn dein Gegenüber das Wort nach elf Versuchen noch nicht erraten hat, dann ist er raus.

Geheimschrift

Der Name dieses kriechenden Insekts ist in Geheimschrift geschrieben. So viel sei verraten: Jeder Buchstabe ist um eine Stelle im Alphabet verschoben. Aus dem A ist also ein B geworden, aus dem B ein C und so weiter.

H P U U F T B O C F U F S J O

SCHLEIMIGE
Schönheiten

Schnecken fühlen sich schleimig an, sind aber schön anzuschauen. Sieh nur die Schönheiten auf der linken Seite!

Mit oder ohne Haus?

Eine Schnecke mit einem Haus auf dem Rücken nennt man Gehäuseschnecke. Aber wie heißt eine Schnecke ohne Haus? Folge den Schneckenspuren, dann weißt du es.

Anmalen und füttern

Die Schnecken auf der gegenüberliegenden Seite sind schon bunt. Und sie haben auch genug zu fressen. Einige knabbern an einem grünen Blatt, andere naschen von den saftigen Erdbeeren oder genießen den dicken Pilz. Die vier Schnecken auf dieser Seite sind noch völlig farblos. Kannst du ihnen helfen? Und wenn du schon dabei bist: Zeichne neben jede Schnecke noch etwas zu fressen.

FÜNF FRAGEN (und Antworten) ZU LEUCHTKÄFERN

-1-
Ist er überhaupt ein Käfer?

Ja, er ist ein Käfer, und wie die meisten Käfer kann er fliegen. Bei vielen Arten haben die Weibchen keine Flügel. Sie können deshalb nicht fliegen, aber schon leuchten. Die Weibchen werden daher auch »Glühwürmchen« genannt. Aber natürlich sind sie keine Würmer, sondern Käfer. Kannst du noch folgen?

-2-
Warum verbrennt er sich nicht den Po?

Der Leuchtkäfer leuchtet im Dunkeln, weil er in seinem Hinterleib zwei Stoffe miteinander mischt. Durch diesen neuen Stoff wird Licht freigesetzt. Es entsteht aber keine Wärme. So bleibt der Hinterleib des Käfers kalt, egal, wie hell das Leuchten ist.

-3-
Kann er sein Licht ausschalten?

Ja, am Tag macht der Leuchtkäfer das Licht immer aus. So spart er Energie. Allerdings kann er das Licht schnell an- und ausschalten, wie ein Blinken. Jede Leuchtkäfer-Art hat ihren eigenen Blinkcode. Das ist äußerst praktisch: So erkennen sie sich im Dunkeln untereinander.

– – · · – · · · · – · · · · · · – – · · –

○ ○ ○ ○ ○ ○ ○

KNACK DEN CODE

Jede Leuchtkäfer-Art blinkt ihren eigenen Code. Der Code dieses Leuchtkäfers ist sehr besonders: Er kann Buchstaben funken. Weißt du, was er sendet? Lies die Zeichen von links nach rechts und schreib die entsprechenden Buchstaben auf:

A= · –	H= · · · ·	O= – – –
B= – · · ·	I= · ·	P= · – – ·
C= – · – ·	J= · – – –	Q= – – · –
D= – · ·	K= – · –	R= · – ·
E= ·	L= · – · ·	S= · · ·
F= · · – ·	M= – –	T= –
G= – – ·	N= – ·	U= · · –

Der Leuchtkäfer ist schon ein seltsames Insekt. Am seltsamsten ist wohl, dass er leuchtet. Das wirft Fragen auf.

-4-
Was frisst ein Leuchtkäfer?

Also, Leuchtkäfer fressen kaum. Als Larve fressen sie schon und viele Leuchtkäferkinder ernähren sich ausschließlich von Schnecken. Und so leben und fressen sie fast zwei Jahre lang. Doch wenn sie erwachsen sind, haben sie nicht mehr lange zu leben. Nachdem die Männchen sich gepaart und die Weibchen die Eier abgelegt haben, sterben sie.

-5-
Sieht man bei uns Leuchtkäfer?

Es gibt über 2000 Arten von Käfern, die Licht abgeben, und die meisten von ihnen leben in warmen Ländern. Aber du findest in unseren Breiten auch drei Arten, die hier heimisch sind, und eine Art, die vom Mittelmeerraum zu uns gewandert ist. Meist sieht man sie aber nur im Sommer leuchten.

·	·–·	––	–·–·	····	·	–·
○	○	○	○	○	○	○

V= ···–
W= ·––
X= –··–
Y= –·––
Z= ––··

Fliege unter der Lupe

Hier siehst du eine Stubenfliege im Detail. Und zwar innen und außen. Aber ein Insekt hat noch mehr Körperteile. Notiere diese auf der rechten Seite.

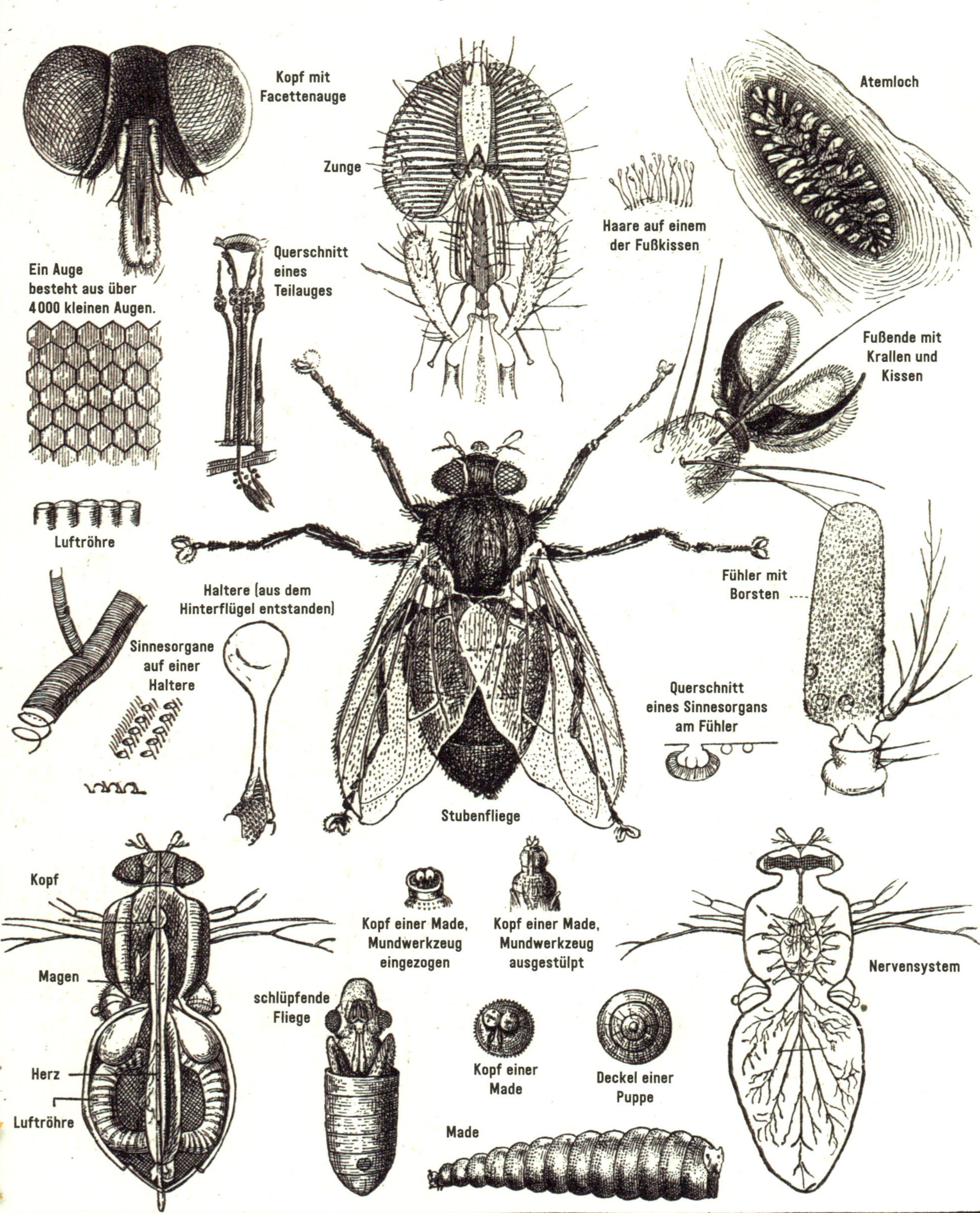

BENENNE DIE KÖRPERTEILE

Ein Hund besitzt einen Kopf, einen Rumpf, vier Pfoten und einen Schwanz, mit dem er wedelt. Insekten und Spinnen haben einen völlig anderen Körperbau.

Wespe

H _ _ _ _ _ _ _ B

F _ _ _ _ L

B _ _ _ _ _ _ _ B

K _ _ _ F

B _ _ N

F _ _ _ _ _ R

Notiere die Namen der Körperteile. Einige passen zu beiden Tieren.

Wähle aus:

- Hinterleib
- Brustkorb
- Kopf
- Kopfbrust
- Taster
- Bein
- Flügel
- Fühler

Ü=UE

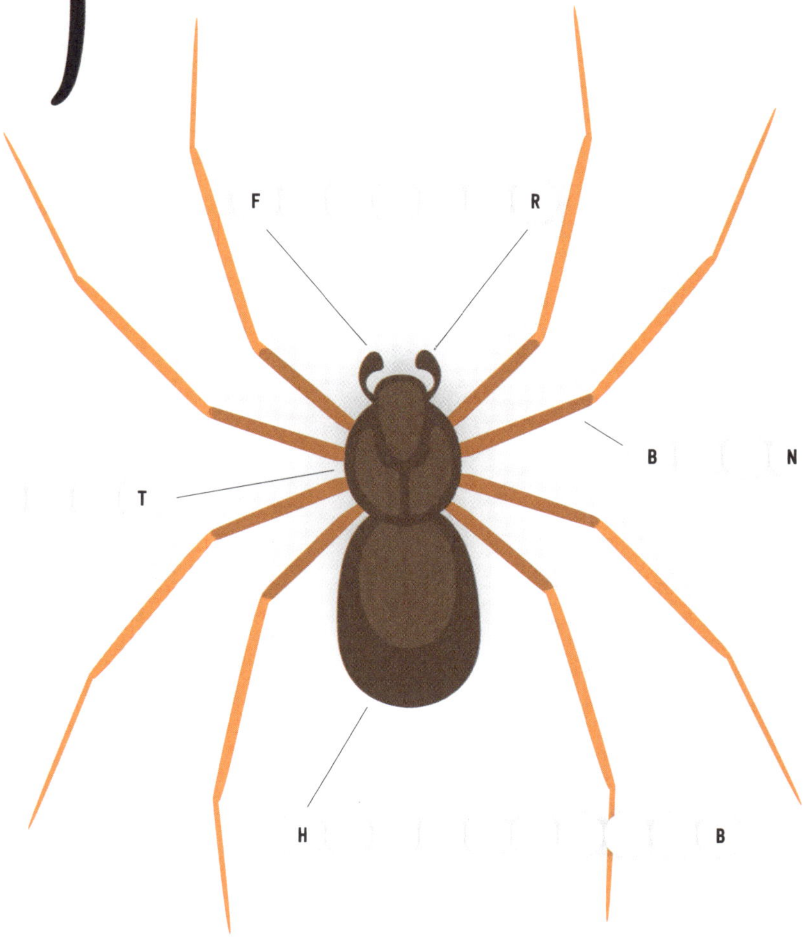

Braune Einsiedlerspinne

F _ _ _ _ _ R

B _ _ N

K _ _ _ _ _ _ _ T

H _ _ _ _ _ _ _ B

Gib ihnen FARBE

Drei Schmetterlinge sind so bunt, wie sie sein müssen.
Die anderen haben ihre Farben verloren. Kannst du sie ausmalen?

Male jeden Schmetterling unterschiedlich aus.

FALSCHE BLÜTE

Was für schöne Blüten! Doch was ist mit der einen Blüte? Ja, du siehst es gleich. Das ist keine Blüte, sondern ein Insekt. Eine Gottesanbeterin, um genau zu sein. Viele Bienen und Schmetterlinge erkennen das nicht. Sie kommen summend oder flatternd näher, um Nektar zu sammeln. Aber dort erwartet sie bereits die Räuberin. Mit ihren kräftigen Vorderbeinen packt sie blitzschnell zu und vertilgt genüsslich ihre Beute. Gemein, aber auch ziemlich clever von der Gottesanbeterin.

FALSCHES BLATT

Erkennst du die Laubheuschrecke auf dem Bild? Ja, auf so einem Bild sieht man sie gerade noch, aber in einem Baum mit Blättern ist das schon schwieriger. So kann sie sich bequem durch den Blätterwald knabbern.

GUT GETARNT!

Einige Insekten sehen gar nicht wie Insekten aus. Aber wie sehen sie dann aus? Wie eine Blüte, wie ein Zweig, ein Blatt oder sogar wie Vogelkot. Du kannst sie fast nicht erkennen und genau das ist auch ihre Absicht.

Falter-Finder

Du musst schon genau hinsehen, um den Schmetterling zu finden. Siehst du, welche Ausschnitte oben liegen? Verbinde jeden Kreisausschnitt über dem Foto mit der passenden Stelle auf dem Foto.

1
2
3 K
4 L
5 H
6 M
7 H
8 M A E
9
10 K A
11 T
12
13 L
14 ß
15
16 S H
17
18 H
19
20
21 Z T
22 B
23 K
Ä = AE
Ü = UE
Ö = OE
ß = ß

Insekten-KREUZWORTRÄTSEL

Bei diesem Kreuzworträtsel dreht sich alles um die kleinen Krabbeltiere mit mehr als vier Beinen. Wenn du alle Wörter richtig notiert hast, dann kannst du von oben nach unten einen Satz lesen. Damit es etwas leichter geht, sind schon einige Kästchen ausgefüllt.

1. Tier mit acht Beinen
2. Das machen Bienen.
3. Käfer, der Kot mag.
4. Dieses Insekt brummt beim Fliegen.
5. große Mücke mit langen Beinen
6. Textil zum Schutz gegen Insekten
7. »Antenne« auf dem Insektenkopf
8. königlicher Schmetterling
9. dicke »Biene« mit Pelzmantel
10. Dort wohnen die Honigbienen.
11. kleines Insekt auf Blättern
12. Dieses graue Krabbeltier sitzt oft unter einem Stein.
13. Insekten, die tschirpen können.
14. Krabbeltier mit ganz vielen Beinen
15. Einige Menschen finden Spinnen …
16. Schwirrt gern nachts durch dein Schlafzimmer.
17. Wurm, mit Backzutat im Namen
18. Käfer, der in seinem Namen einen Waldbewohner trägt.
19. Käfer, der seine Eier im Holz ablegt.
20. Das holen Insekten aus einer Blüte.
21. Schmetterling mit blassgelben Flügeln
22. Macht es sich in deinem Bett bequem und kann ganz schön jucken.
23. Insekt, das einem Stock ähnelt.

SUCH DIE ZEHN UNTERSCHIEDE

(und die Libellen)

Am Ufer kannst du häufig schöne Insekten beobachten – Libellen, aber auch viele andere Tiere. Je genauer du hinschaust, desto mehr Unterschiede entdeckst du.

Die beiden Abbildungen sehen auf den ersten Blick völlig gleich aus. Trotzdem gibt es Unterschiede zu entdecken. Findest du sie? (Die Zahlen auf dem rechten Bild zählen nicht mit.)

SUCH DIE LIBELLEN

All diese Insekten siehst du auf der Abbildung, doch nur Nummer 1 und 5 sind eine Libelle.

Es ist kein Zufall, dass du sie in Ufernähe antriffst: Abgesehen von der Florfliege und der Skorpionsfliege verbringen diese Insekten ihre Jugend unter Wasser (allerdings sehen sie dann völlig anders aus).

TIPP
Zeichne einen Kreis um jede gezählte Blattlaus, damit du nicht durcheinanderkommst.

Fröhlicher

VIELFRASS

Den Marienkäfer kennst du natürlich. Aber weißt du auch, was der fröhlich gepunktete Käfer frisst? Nein, weder Erdbeeren noch Wassereis. Auch keine Blätter. Marienkäfer fangen Blattläuse. Und zwar ganz schön viele. Wenn du wissen willst, wie viele am Tag, dann zähl alle Blattläuse, die du hier siehst.

Am Tag frisst er etwa ◯◯◯ Blattläuse.

VIELE BUNTE KÄFER

Käfer sind nicht nur braun oder schwarz. Einige von ihnen schillern in allen Farben des Regenbogens.

Die bunten Käfer auf der linken Seite gibt es wirklich. Kaum zu glauben, wie schön sie sind. Die Käfer auf dieser Seite kannst du ebenfalls bunt anmalen.

Von wem ist das Kind?

In den Kreisen siehst du ausgewachsene Insekten. Folge den Schlangenlinien, um die Kinder zu finden. Notiere bei jedem Kind den Insektennamen.

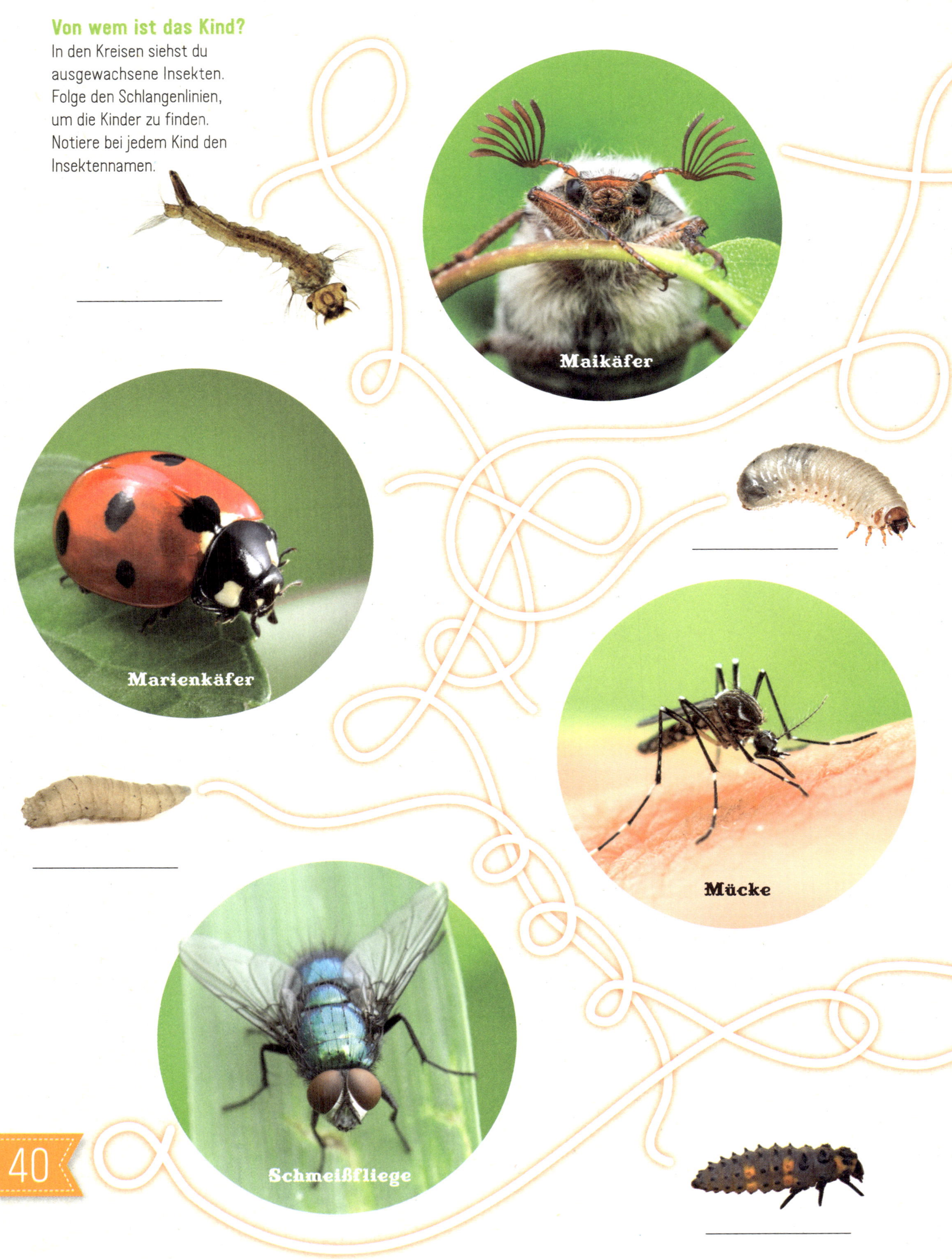

KOMISCHE KIDS

Natürlich siehst du anders aus als deine Eltern. Doch bei Insekten haben Eltern und Kinder absolut keine Ähnlichkeit miteinander. Und ganz ehrlich: Die meisten Insekten sehen als Erwachsene besser aus als noch als Kind.

Lass die Spinne leben!

Findest du Spinnen auch so unheimlich?
Dann bist du nicht allein. Mit so einem achtbeinigen Krabbeltier über dem Bett können wenige ruhig schlafen. Aber wie wirst du die Spinne möglichst elegant los?

Einfach einfangen

Sobald die Spinne an ihrem Faden nach unten kommt, kannst du sie in einem Becher fangen. Den hältst du unter die Spinne, Deckel drauf und fertig. Sitzt die Spinne an der Wand oder auf dem Boden? Dann musst du anders vorgehen. So geht's:

1. Setz ein umgedrehtes Trinkglas über die Spinne.
2. Schieb ganz vorsichtig ein Blatt Papier unter das Glas.
3. Drück das Papier gegen das Glas. Achte darauf, dass die Beine der Spinne nicht unter dem Rand des Glases hervorschauen!
4. Bring die Spinne nach draußen und lass sie frei.

TIPP

Sitzt die Spinne in einem Becher oder unter dem Glas? Sieh sie dir genau an. Zähl die Beine. Kannst du Augen erkennen? Ganz schön spannend, oder?

WITZ
Was ist der Unterschied zwischen einer Katze und einer Spinne?
Eine Katze kann spinnen, aber eine Spinne nicht schnurren.
Die größte Vogelspinne passt gerade auf einen Frühstücksteller.
Mutter Wolfsspinne kümmert sich rührend um ihre Kinder: Sie dürfen sich alle auf ihren Rücken setzen. Unkompliziert, sicher und bequem!
Der Biss der Schwarzen Witwe ist giftig. Fass sie besser nicht an.
Wusstest Du, dass es weltweit über 40 000 verschiedene Spinnenarten gibt?!?
SPINNENNETZ
Bringst du die Spinne zur Fliege? Such einen Weg durch die Öffnungen im Spinnennetz.
Die Goldene Seidenspinne spinnt das stärkste Spinnennetz.
43

S C H M

E E K C E Z

R E T L A F N E L U E T R T

N O K O K E B R O K N E N E I B

R E F E A K L L E N H C S R K B H L

M A R I E N K A E F E R I N M O O L

R E T L A F R E T T I R G E I C N E

B I E N E N G A L L M U E C K E K I H B

H E U S C H R E C K E R D F L O H K G C R A

U E R D H U M M E L E S I E M A O A R A H P

D I S T E L F A L T E R C H E E S T

A P F E L B L U T L A U S N P F P S

V E R P U P P E N D I E W A U E I E

R R E F U E A L R E S S A W P R N M

E D N I R E T I E B R A E R P S N O

R E F E A K S E L U K R E H E

N N U E U M

E P U A R F M L I L A R V E

G R I L L E N M E Z I K A D E G

M R U W L H E M E E E K A N H C S N

A A S F L I E G E N Z E L L E B I L U K

O E N S E I D E N S P I N N E R M A D E

N E N R E F E A K H C S R I H E I

E G E I L F N E B U T S E B A W

L T

A U

U R

S B

WÖRTER-BLUME

Suche alle Wörter in der Blume und streiche sie durch. Sie stehen entweder waagerecht ⟶ ⟵ oder senkrecht ↕ . Schreib nun alle übrig gebliebenen Buchstaben in der richtigen Reihenfolge in die leeren Kästchen. Dann kannst du den Schmetterlingssatz lesen.

- ○ AASFLIEGE
- ○ APFELBLUTLAUS
- ○ ARBEITERIN
- ○ BIENEN
- ○ BIENENKORB
- ○ BOCKKAEFER
- ○ BRUT
- ○ DISTELFALTER
- ○ ERDFLOH
- ○ ERDHUMMEL
- ○ EI
- ○ EULENFALTER
- ○ GALLMUECKE
- ○ GRILLEN
- ○ HERKULESKAEFER
- ○ HEUSCHRECKE
- ○ HIRSCHKAEFER
- ○ HONIG
- ○ IMKER
- ○ KOKON
- ○ LARVE
- ○ LAUS
- ○ LIBELLE
- ○ MADE
- ○ MARIENKÄFER
- ○ MEHLWURM
- ○ PHARAOAMEISE
- ○ PUPPE
- ○ RAUPE
- ○ RITTERFALTER
- ○ SCHNAKE
- ○ SCHNELLKAEFER
- ○ SEIDENSPINNER
- ○ SPINNE
- ○ STACHEL
- ○ STUBENFLIEGE
- ○ SUMMEN
- ○ VERPUPPEN
- ○ WABE
- ○ WASSERLAEUFER
- ○ ZECKE
- ○ ZIKADE

Ä = AE Ü = UE Ö = OE

☐☐☐☐☐☐☐☐☐☐☐☐☐☐ ☐☐☐☐☐☐☐☐ ☐☐☐ ☐☐☐☐☐☐

☐☐☐ ☐☐☐☐☐ ☐☐ ☐☐☐☐☐☐☐ ☐☐ ☐☐☐☐☐☐☐

VOM EI ZUM KÄFER

Der Kartoffelkäfer fällt auf, doch seine Eier sind noch auffallender. Sie sind leuchtend orange wie eine Orange. Die Mutter klebt die Eier auf das Blatt der Kartoffelpflanze, die Eltern und Kinder (Larven) gleichermaßen lieben. Die Larven wachsen in rasantem Tempo. Schon nach wenigen Wochen sind sie größer als Vater und Mutter. Dann kriechen die Larven in die Erde und verpuppen sich. Im nächsten Frühjahr kommen die Käfer zum Vorschein.

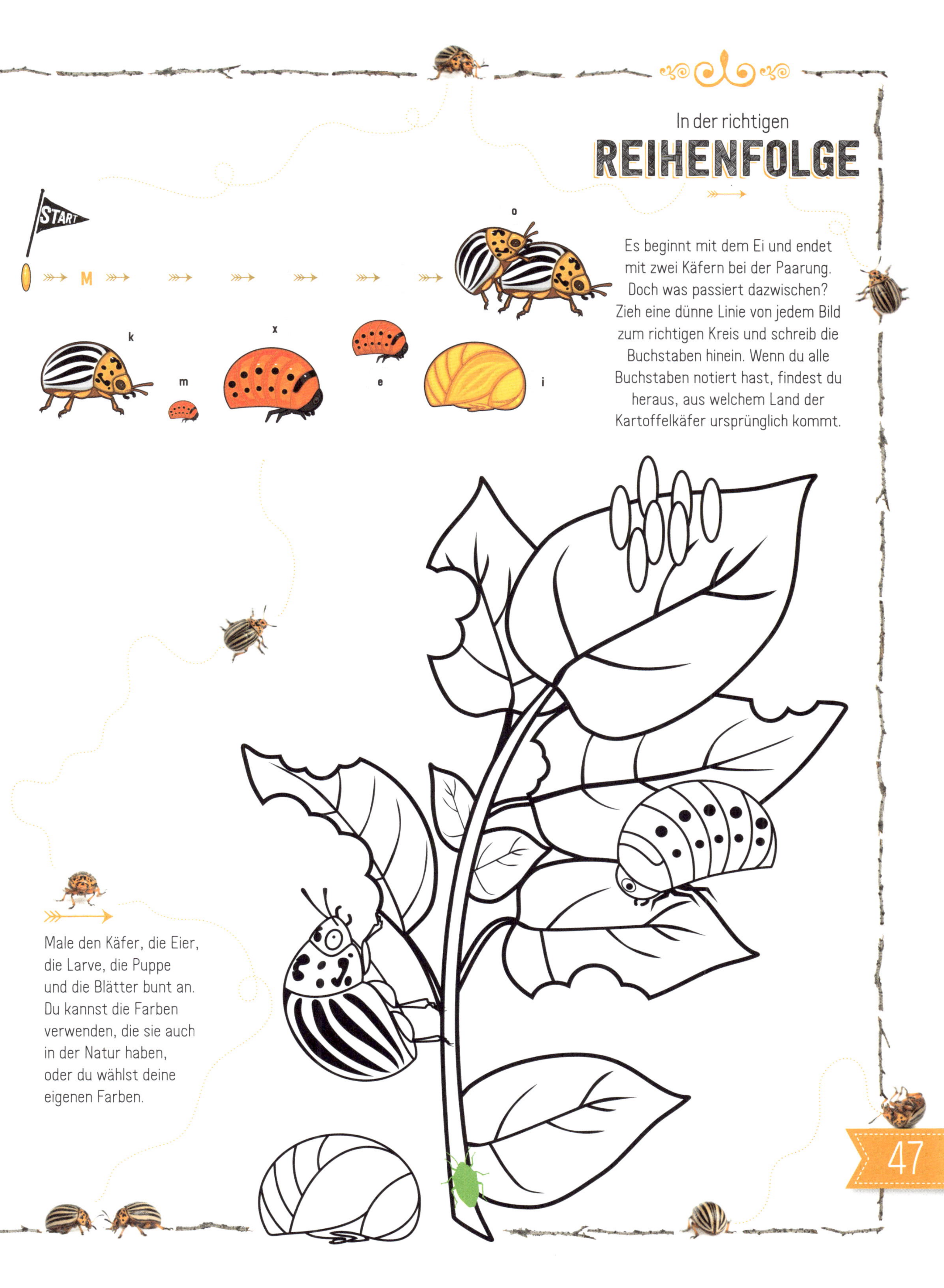

In der richtigen

REIHENFOLGE

Es beginnt mit dem Ei und endet mit zwei Käfern bei der Paarung. Doch was passiert dazwischen? Zieh eine dünne Linie von jedem Bild zum richtigen Kreis und schreib die Buchstaben hinein. Wenn du alle Buchstaben notiert hast, findest du heraus, aus welchem Land der Kartoffelkäfer ursprünglich kommt.

Male den Käfer, die Eier, die Larve, die Puppe und die Blätter bunt an. Du kannst die Farben verwenden, die sie auch in der Natur haben, oder du wählst deine eigenen Farben.

EIN AMEISENHAUFEN

Schwarze Wegameisen wohnen unter den Terrassenplatten. Rote Waldameisen findest du unter einem Riesenhaufen von Zweigen und Tannennadeln. Den haben sie nach und nach aufgestapelt. Ja, Ameisen sind fleißige Tiere. Und sie sind zahlreich. Sehr zahlreich.

Ein Haufen Ameisen

Ameisen leben in jedem Garten und sogar unter Gehwegplatten. Wenn es sonnig ist und kein strenger Winter hinter uns liegt, dann kannst du mehr Ameisen finden. Lass eine Ameise einmal in aller Ruhe über deinen Finger laufen, denn die Tiere, die du in der Nähe deines Hauses findest – meist sind es Schwarze Wegameisen –, beißen nicht. Manchmal versuchen sie es, aber ihre Kiefer sind so klein, dass sie nicht in deine Haut beißen können.

Anders sieht es mit den Roten Waldameisen aus. Diese sind rot und groß. Wenn sie verärgert sind, versprühen sie eine beißende Säure. Wie der Name schon sagt, wohnen diese Ameisen im Wald. Genau wie die Schwarzen Wegameisen bauen sie ihr Nest unter der Erde. Dort wohnen manchmal bis zu hunderttausend Tiere zusammen! Die Ameisen kennen sich natürlich nicht alle persönlich, aber sie arbeiten gut zusammen. Sie suchen beispielsweise gemeinsam Zweige und trockene Tannennadeln, um ein dickes Dach über dem Nest zu bauen. So bleibt es im Inneren gemütlich warm. Ein Ameisenhaufen sieht manchmal wie ein schöner Sitzplatz aus, auf dem man sich ausruhen könnte; doch das solltest du lieber nicht ausprobieren!

Ameisen zählen = Anzahl der Beine

Eine Ameise hat sechs Beine; ein Tausendfüßler hat einige mehr. Tausend ist übertrieben, aber wie viele Beine hat der größte unter ihnen denn nun wirklich? Die Ameisen auf dieser Seite verraten es dir.

Suche alle bunten Ameisen auf dieser Seite. Schreib die Anzahl der roten Ameisen in den unteren roten Kreis, die Anzahl der blauen Ameisen in den blauen Kreis und die Anzahl der grünen Ameisen in den grünen Kreis.

Der größte Tausendfüßler hat

Beine.

Weiterzeichnen

Der Zeichner war nicht besonders fleißig. Er hat bei der Hälfte aufgehört. Kannst du die andere Hälfte der Ameise zeichnen?

DAS IST KEIN WURM

Ein Ohrwurm ist kein Wurm, sondern ein Insekt. Vielleicht kennst du ihn auch unter dem Namen Ohrenkneifer. Aber keine Angst: Er krabbelt nicht in deine Ohren und kneift auch nicht wirklich. Er ist völlig ungefährlich. Und schön anzusehen, findest du nicht?

Was du noch nicht über den Ohrwurm wusstest:

Unter seinen Rückenschilden verstecken sich zwei große durchsichtige Flügel.

Die Weibchen haben eine gerade Zange, bei den Männchen ist sie gebogen.

Es gibt fast 2 000 Arten.

Die gefährlich aussehende Zange hat nur wenig Kraft zum Schneiden.

Mutter Ohrwurm sorgt gut für ihre Eier und ihre Kinder.

KOMISCHER SATZ

Was für ein komischer Satz! Kannst du entschlüsseln, was hier steht? Streich alle Wörter durch, vor die du das Wort OHR oder OHREN setzen kannst.

Wurm Ring Hab keine Schmalz Angst Muschel vor Sessel mir Arzt ich Sausen bin Schmaus harmlos

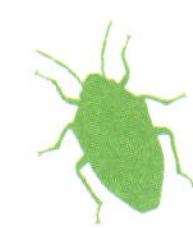

KÖRPERTEILE

Auf welche Körperteile zeigen die Pfeile? Schreib sie in die Kästchen.

Welcher Topf ist es?

Ohrwürmer verstecken sich tagsüber gern unter einem Blumentopf. Unter welchem Topf lebt dieser Ohrwurm?

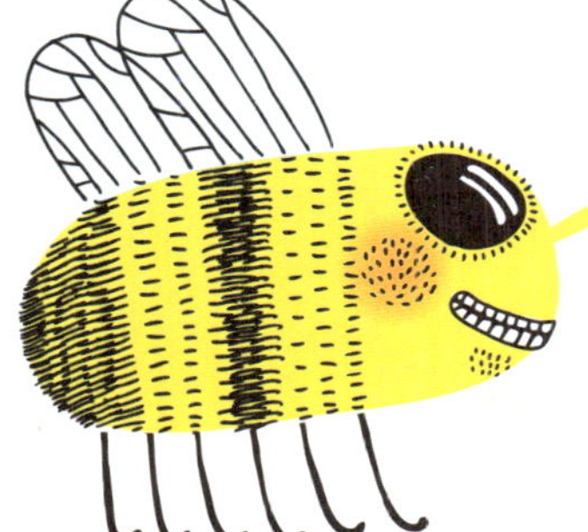

oder WAHR GELOGEN?

Viele Käfer sehen sehr seltsam aus. Und es gibt auch viele merkwürdige Spinnen, Schnecken und andere Insekten. Aber was sie machen, ist manchmal noch viel merkwürdiger.

Hier findest du acht seltsame Fakten. Aber aufgepasst: Nicht alle davon sind wahr. Kreuze immer die richtige Antwort an. Auf der rechten Seite siehst du dann, was stimmt. TIPP: Decke die rechte Seite ab, dann kannst du nicht spicken.

Noch mehr Spaß macht das Rätsel, wenn ihr zu zweit seid. Du liest vor und der andere sagt, ob es richtig oder falsch ist. Oder andersherum: Der andere liest vor und du errätst die richtige Antwort.

1 Um Vögel zu erschrecken, kann die Raupe des Großen Gartenschwanzes eine knallrote, falsche Schlangenzunge aus ihrem Hinterteil herausstülpen.

- Das stimmt
- Aber nein

2 Eine Asselmutter bereitet ihren Babys ein besonderes Bett aus Moos.

- Wahr
- Nicht wahr

3 Die männliche Pfauenspinne aus Australien stellt beim Balztanz – wie der Pfau – den fächerförmigen Schwanz auf.

- Wahr
- Falsch

4 Termiten bauen Wohntürme mit Klimaanlage.

- Ja
- Total blöd

5 Um festzulegen, wer sich paaren darf, schauen sich die Stielaugenfliegen-Männchen gerade in die Augen. Die Fliege, bei der die Augen am weitesten auseinanderstehen, hat gewonnen und darf sich paaren.

- Korrekt
- Völliger Quatsch

6 Einige kleine Mücken bewegen hundertmal in der Sekunde ihre Flügel auf und ab.

- Ja, sicher
- Nein, bestimmt nicht

7 Wenn Schnecken sich paaren, schießen sie sich gegenseitig Pfeile in den Körper.

- Ganz sicher
- Bestimmt nicht

8 Ohrwürmer sind schlechte Mütter: Sie fressen die meisten der eigenen Eier selbst auf.

- Stimmt
- Unsinn

SO IST ES

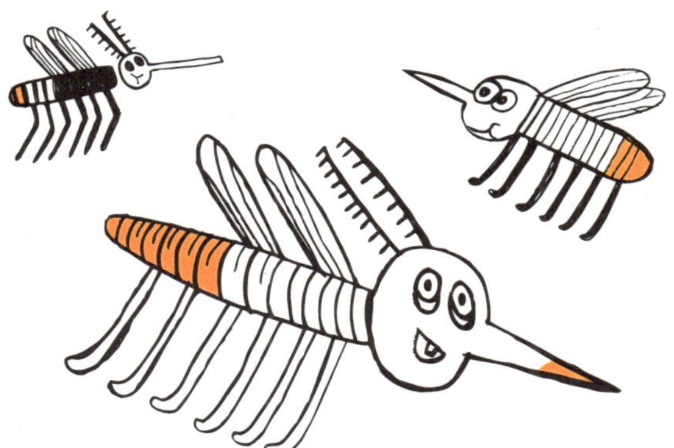

-1-

Raupen sind für Vögel delikate kleine Leckerbissen. Besonders die Raupe des Großen Gartenschwanzes, die so dick wie eine Knackwurst ist. Die grüne Raupe versteckt sich gut zwischen Blättern. Aber wenn ein Vogel sie entdeckt, benimmt sie sich ziemlich merkwürdig: Sie stülpt zwei rote Fäden aus ihrem Hinterteil heraus. Genau wie die Zunge einer Schlange. Das ist also wahr.

-2-

Dass die Asselmutter für ihre Kleinen ein Bettchen baut, stimmt nicht. Es ist sogar noch verrückter: Sie hat einen Tragebeutel unter ihrem Bauch. Dieser ist mit Wasser gefüllt, denn junge Asseln können Trockenheit noch weniger vertragen als ihre Mutter. Sie trägt manchmal 30 im Wasser strampelnde Kinder mit sich herum.

-3-

Die Pfauenspinne besitzt weder Federn noch einen fächerförmigen Schwanz. Allerdings hat sie einen farbenprächtigen Hinterleib. Und sie kann wunderbar tanzen. Du glaubst es nicht? Dann gib auf YouTube mal »peacock spider« ein. Du wirst deinen Augen nicht trauen!

-4-

Termiten sind großartige Baumeister. Sie sind winzig, aber sie arbeiten gut zusammen. So erschaffen sie ein meterhohes Bauwerk, bestehend aus Sälen, Gängen und nicht zu vergessen: einem Keller mit kompletter Klimaanlage. Von dort strömt kühle, feuchte Luft durch das ganze Gebäude. Es ist also wahr.

-5-

Ja, die Geschichte ist wahr. So haben die Fliegen das irgendwann mal untereinander abgesprochen. Wahrscheinlich glaubten sie, dass das größte Männchen gewinnen würde. Aber es lief anders als gedacht und so sind die Männchen dieser Fliegenart noch immer klein, haben aber Augen auf langen Stielen.

-6-

Hundertmal? Nein: Einige Mücken schlagen in der Sekunde bestimmt tausendmal mit ihren Flügeln!

-7-

Die Paarung der Schnecken ist eine schleimige Angelegenheit. Und – seltsam, aber wahr – viele Schnecken sind gleichzeitig Männchen und Weibchen. Sie befruchten der Reihe nach ihre Eier. Und auch das ist wahr: Beim Liebesspiel stechen sie sich gegenseitig einen Fortsatz, der Liebespfeil genannt wird, in die Haut.

-8-

Das ist völliger Blödsinn: Ohrwürmer (Insekten mit einer Zange am Hinterleib) sind besonders gute Mütter. Vielleicht schon etwas zu gut. Die Mutter legt ungefähr 40 Eier in ein besonderes Kinderzimmer. Sie leckt die Eier sauber – sonst schimmeln sie –, bis der Nachwuchs schlüpft. Dann erbricht sie die Nahrung für die Kleinen. In der ganzen Zeit frisst die Ohrwurmmutter nicht. Und wenn sie dann schließlich stirbt, fressen ihre Kinder sie auf.

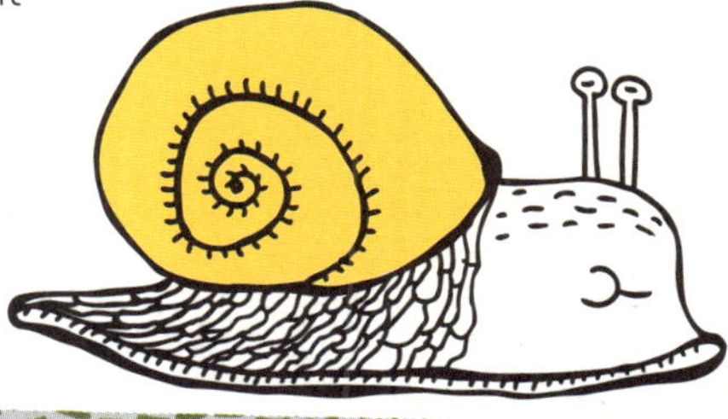

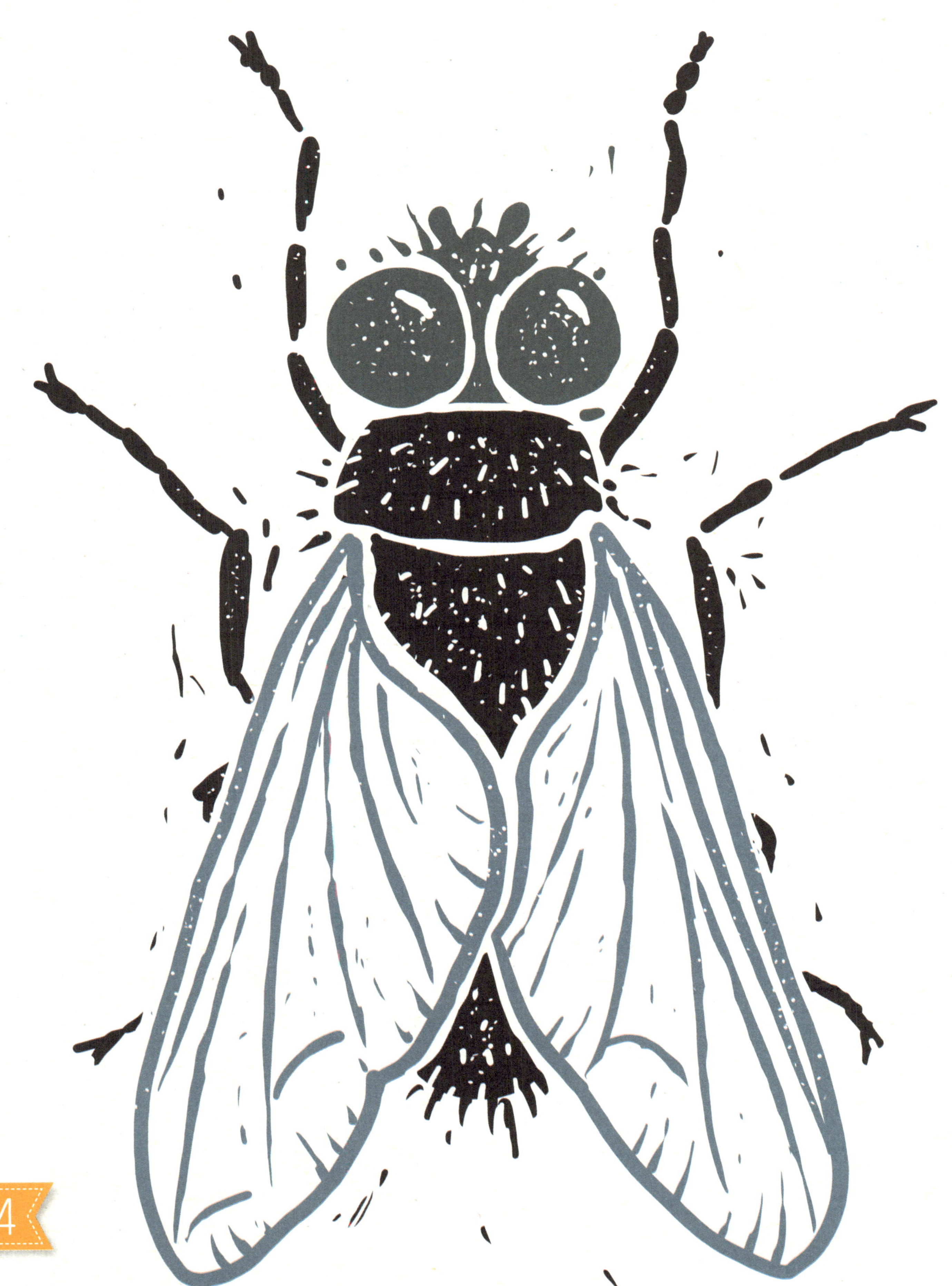

DIE STUBENFLIEGE

Die Stubenfliege, oder auch Hausfliege, kennst du natürlich. Aber mal ehrlich: Kannst du an der Decke laufen? Also ist sie schon ein besonderes Tier.

Ups, bei diesem Text über die Stubenfliege ist einiges schiefgelaufen. Kannst du alle falschen Wörter verbessern? Das sind die richtigen Wörter: gewöhnlich, Nahrung, Hundehaufen, Stubenfliege, Insekt, Libelle, Beine, spuckt, eklig, Flügel

Die ~~Radfliege~~ Stubenfliege

Die Stubenfliege ist ein Säugetier. ____________________

Sie hat sechs Saugnäpfe. Und genau wie alle ____________________

anderen Fliegen besitzt sie zwei Räder. ____________________

Also weniger als eine Biene oder ein Vogel, ____________________

denn diese besitzen vier. Die Radfliege ist ____________________

sehr selten und sie frisst alles. Sie säubert ____________________

ihren Elefanten, indem sie darauf tanzt. ____________________

Das ist natürlich äußerst appetitlich, vor ____________________

allem, wenn sie zuerst an einer Lakritzstange ____________________

nascht und dann an deinem Butterbrot.

FLIEGEN-MÜCKEN-RÄTSEL

Hier kommen nun sechs Fragen zu Fliegen und Mücken. Entscheide dich bei jeder Frage für die richtige Antwort und schreibe die Buchstaben in die Kreise unter das Foto:

1 Womit sticht eine Mücke?
- **W** Mund
- **K** Schwanz
- **L** Vorderbein

2 Wie heißt die Fliege, die ganz verrückt auf Kuhdung ist?
- **A** Kotfresser
- **U** Knickerbocker
- **I** Dungfliege

3 Die Schnake hat sehr lange …
- **T** Ohren
- **N** Beine
- **R** Fühler

4 Wie viele Flügel hat eine Fliege?
- **T** Zwei
- **E** Vier
- **O** Fünf

5 Bei den Stechmücken stechen nur die …
- **N** Männchen
- **E** Weibchen
- **P** Larven

6 Wie nennst du die Larve (das Junge) einer Stubenfliege?
- **Y** Hummel
- **U** Raupe
- **R** Made

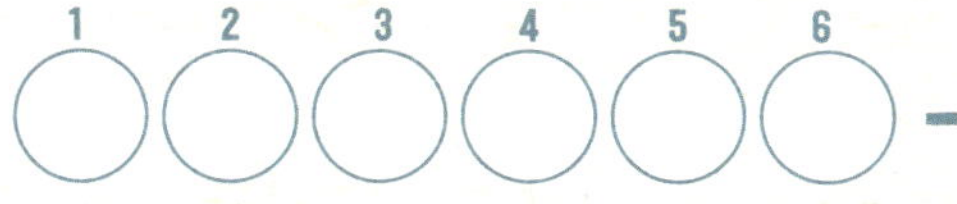

SCHWEBFLIEGE

Die Winterschwebfliege nennt man auch Wanderschwebfliege oder Hainschwebfliege.

WUNDERBARE WELT

Insekten und andere Krabbeltiere findest du auf der ganzen Welt. Sie alle sind besonders, aber diese sechs sind unvergleichlich. Lies ihre Geschichten und finde heraus, wie sie heißen.

NORDAMERIKA

Zum Überwintern fliege ich im Herbst von Kanada in die Tannenwälder Mexikos. Dort hänge ich mit Tausenden von anderen Schmetterlingen an den Ästen und warte auf den Frühling. Dann fliegen wir wieder 3 000 Kilometer zurück nach Kanada. Ein echt langer Flug!

_ _ _ _ _ _ _ falter

SÜDAMERIKA

Der südamerikanische Regenwald ist prachtvoll. Dort leben tausende Arten von Käfern. Viele von ihnen sind kleiner als ein Schokostreusel, aber für mich gilt das nicht. An den langen Zangen vorn an meinem Kopf erkennst du, dass ich ein Männchen bin. In der Paarungszeit kämpfe ich mit anderen Männchen um ein Käfer-Weibchen.

_ _ _ _ _ _ _ _ käfer

EUROPA

Ich lebe in den Heideregionen Europas. Im **F**rühling mache ich mich auf die Suche nach einem Weibchen. Es lebt sicher in **e**iner Höhle, aber ich la**u**fe ohne einen Schutz über die Heide. Vögel fangen mich nicht. Sie mögen nämlich keine Mari**e**nkäfer und mein Hinterteil sieht genauso aus wie der eklig schmeckende **r**ote Käfer mit schwarzen Punkten.

_ _ _ _ _ **spinne**

ASIEN

Vielleicht hast du noch nie von mir gehört, aber **z**u hören bin ich gut. Von allen Insekten mache ich nämli**i**ch am meisten **K**rach. Meine durchdringenden L**a**ute sind über einen Kilometer weit im asiatischen Regenwal**d** zu hör**e**n.

_ _ _ _ _ _

AFRIKA

Ich bin ein ganz schön großer S**k**orpion – so groß wie ein Ziegelstein – und ich lebe im **a**frikanischen Regenwald. Du musst vor m**i**r auf der Hut sein, denn genau wie andere Skorpione habe ich einen Gift**s**tachel an meinem Schwanz. Aber **e**hrlich gesagt: Es gibt kleinere Skorpione, die gefährliche**r** sind, als ich es bin.

_ _ _ _ _ _ **skorpion**

AUSTRALIEN

Ich lebe in den **g**roßen Wäld**e**rn Au**s**traliens. Mein Kör**p**er ähnelt Pflanzenteilen. U**n**d so **s**ehe ich mit meinen »Blä**t**tern« und **S**tacheln wie eine vertro**c**knete, stac**h**elige Pflanze aus. Viele Vögel f**r**essen zwar g**e**rn di**c**ke, fette Inse**k**ten, aber mich übers**e**hen sie immer.

Australische

_ _ _ _ _ _ _ _ _ _ _ _ _ _ _ _

SUPER-SPRINGER

Heuschrecken haben große Hinterbeine und können weite Sprünge machen. Ausgewachsene Tiere haben Vorteile, da sie auch Flügel haben. Junge Heuschrecken müssen nur mit ihren Beinen auskommen.

HEU-SCHRECKEN

Auf dem großen Bild siehst du zwei Heuschreckenarten: die **Wüstenheuschrecke** und die **Große Schiefkopfheuschrecke**. Die Wüstenheuschrecke gehört zu den Feldheuschrecken, die an den kurzen Fühlern zu erkennen sind. Die Große Schiefkopfheuschrecke zählt zu den Laubheuschrecken. Diese erkennst du an ihren langen Fühlern. Ein Laubheuschrecken-Weibchen hat eine Art Schwert an seinem Hinterleib. Diesen »Legebohrer« steckt das Weibchen in die Erde, um die Eier abzulegen.

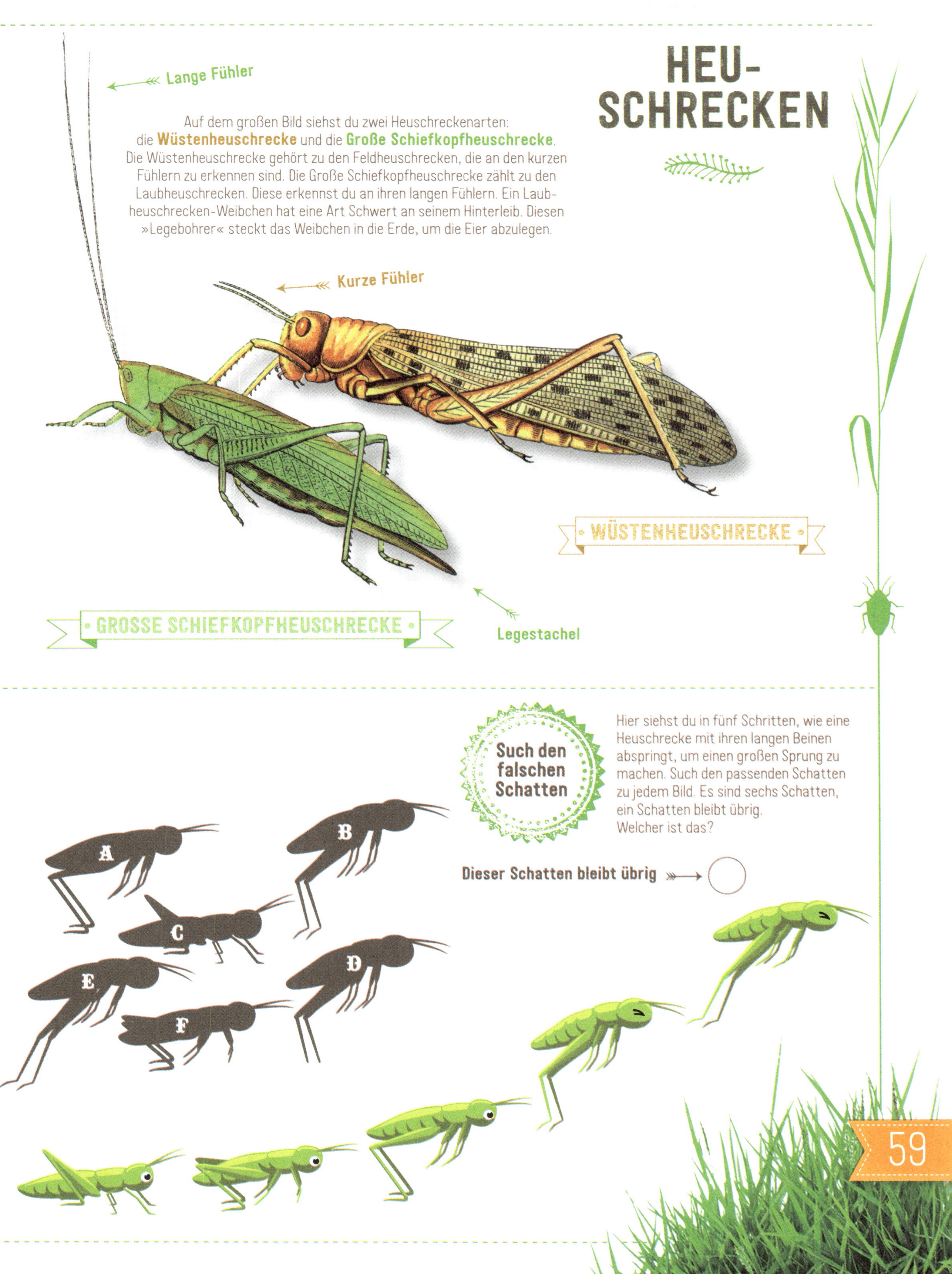

Such den falschen Schatten

Hier siehst du in fünf Schritten, wie eine Heuschrecke mit ihren langen Beinen abspringt, um einen großen Sprung zu machen. Such den passenden Schatten zu jedem Bild. Es sind sechs Schatten, ein Schatten bleibt übrig. Welcher ist das?

Dieser Schatten bleibt übrig → ○

LÖSUNGEN

S. 5

Bienenhalter

Ein Imker hält Bienen als Haustiere. Er trägt Schutzkleidung, wenn er den Honig aus dem Bienenstock holt.

Insekten suchen

S. 6/7

Bockkäfer

Rüsselkäfer

Erdfloh

Maikäfer

Springwurm

Edellibelle

Das Insekt im Bilderrahmen:

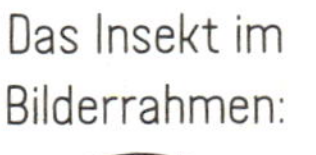

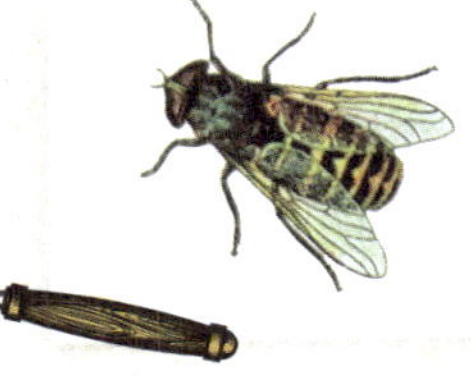

S. 12/13

Das sind die Unterschiede.

S. 15

Doppelgänger

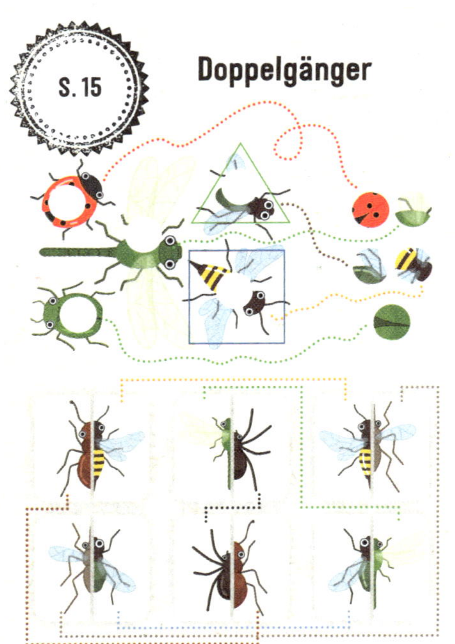

Wer sagt was?

S. 17

- Ich habe sechs Beine mit Häkchen.
- Ich halte mich gut fest.
- Ich klebe meine Eier an Kopfhaare.
- Ich trinke Blut.
- Mein Kind hat Beine.
- Du kannst mich über einen anderen Menschen bekommen.

Ich bin eine

KOPFLAUS

- Ich habe sechs dünne Beine.
- Ich lege keine Eier, bekomme aber Babys.
- Ich trinke Pflanzensaft.
- Mein Kind hat Beine.
- Du kriegst mich nicht (nur wenn du eine Pflanze bist).

Ich bin eine

BLATTLAUS

- Ich habe acht Beine.
- Ich klebe an deiner Haut, während ich trinke.
- Ich lege Eier zwischen tote Blätter.
- Ich trinke Blut.
- Mein Kind hat Beine.
- Du bekommst mich in der Natur.

Ich bin eine

ZECKE

- Ich habe sechs Beine.
- Ich kann gut springen.
- Ich lege Eier in die Erde.
- Ich trinke Blut.
- Mein Kind hat keine Beine.
- Du bekommst mich von deiner Katze oder deinem Hund.

Ich bin ein

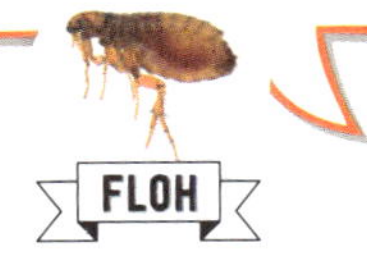

FLOH

Abwechselnd

Die richtige Antwort lautet:
Kakerlaken

Doppelbuchstaben

Das Lösungswort ist:
Hummel

Geheimschrift

Gottesanbeterin

Schüttelnamen

Tausendbiene + Honigfüßler =
Tausendfüßler + Honigbiene

Regenschnecke + Nacktwurm =
Regenwurm + Nacktschnecke

Langbeinfalter + Nachtmücke =
Langbeinmücke + Nachtfalter

Mistspinne + Kreuzkäfer =
Mistkäfer + Kreuzspinne

Kopffliege + Dunglaus =
Kopflaus + Dungfliege

Krabbel-Bilderrätsel

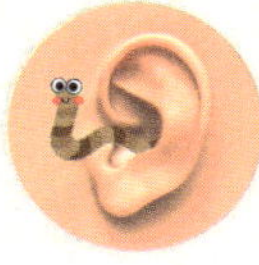

Bettwanze Kreuzspinne Blattlaus Ohrwurm Zitronenfalter

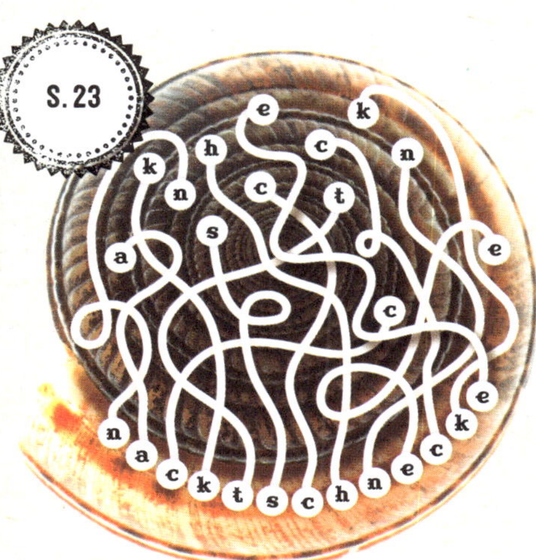

Körperteile

Der Blinkcode lautet: Glühwürmchen

Insekten-Kreuzworträtsel

Der Lösungssatz lautet:
Insekten haben sechs Beine.

Falter-Finder

Das sind die Unterschiede.

S. 36/37

Blattläuse zählen

Die richtige Antwort lautet: 1 0 0

S. 40/41

Komische Kids

S. 43

Spinnennetz

S. 44/45

Wörter-Blume

Das ist der Schmetterlingssatz:
SCHMETTERLINGE BRAUCHEN DIE WAERME DER SONNE, UM FLIEGEN ZU KOENNEN.

LÖSUNGEN

S. 47

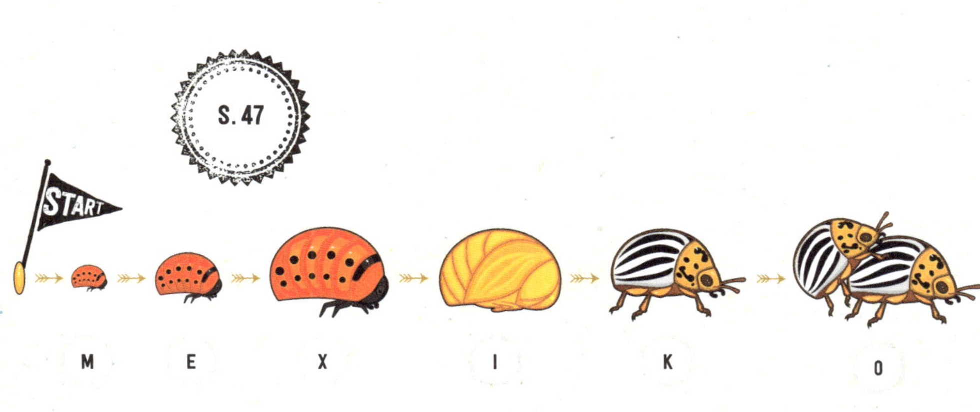

S. 49

Ameisenhaufen

S. 50/51

Der Ohrwurm

S. 56/57

So heißen die Tiere

Monarchfalter

Feuerspinne

Kaiserskorpion

Zikade

Herkuleskäfer

Australische Gespenstschrecke

S. 58/59

Dieser Schatten bleibt übrig.

Die Stubenfliege

S. 54/55

Die Stubenfliege ist ein *Insekt*. Sie hat sechs *Beine*. Und genau wie alle anderen Fliegen besitzt sie zwei *Flügel*. Also weniger als eine Biene oder eine *Libelle*, denn diese besitzen vier. Die *Stubenfliege* ist sehr *gewöhnlich* und sie frisst alles. Sie säubert *ihre Nahrung*, indem sie darauf *spuckt*. Das ist natürlich äußerst *eklig*, vor allem, wenn sie zuerst an einem *Hundehaufen* nascht und dann an deinem Butterbrot.

Fliegen-Mücken-Rätsel

Die Lösung lautet: WINTER-SCHWEBFLIEGE

1=W, 2=I, 3=N, 4=T; 5=E; 6=R

INSEKTEN & CO.

ENTDECKEN · VERSTEHEN · MITMACHEN

ISBN 978-3-95939-095-8

2. Auflage 2021

Originalausgabe erschienen

HAUPTREDAKTION: Fanny Glazenburg
ARTDIREKTION: Très Melis
CHEFREDAKTION: Marte Schaap
TEXT: Geert-Jan Roebers
KOORDINATION: Caroline Vogel
ENDREDAKTION: Lia van Looij
DESIGN: Marjo de Jong
ILLUSTRATIONEN UND FOTOGRAFIE: Adobe Stock, iStock,
Alvesgaspar, CC BY-SA 3.0 <https://creativecommons.org/licenses/by-sa/3.0>, via Wikimedia Commons

ÜBERSETZUNG aus dem Niederländischen: Birgit van der Avoort
SATZ: Christiane Dunkel-Koberg

Herzlichen Dank an Dr. Heinrich Terlutter für die fachliche Prüfung der deutschen Ausgabe.

Bohem Press GmbH, Bernhard-Ernst-Straße 12, 48155 Münster, Deutschland
www.bohem-verlag.de

Gedruckt auf Papier aus verantwortungsvollen Quellen in Europa.

NOCH MEHR LUST AUF

* Entdecken · Verstehen · Mitmachen *

NATUR

Entdecken · Verstehen · Mitmachen

Ab 5 Jahren / 72 S. / 22,2 × 28,4 cm / vollfarbig
Steifbroschur mit Prägung
und offener Fadenheftung
ISBN 978-3-95939-072-9

Bestell-Nr.: 888 072

VÖGEL

Entdecken · Verstehen · Mitmachen

Ab 5 Jahren / 72 S. / 22,2 × 28,4 cm / vollfarbig
Steifbroschur mit Prägung
und offener Fadenheftung
ISBN 978-3-95939-082-8

Bestell-Nr.: 888 082